MW00344930

Luna de cal
Limestone Moon

Luna de cal
Limestone Moon

Poemas
Olivia Maciel

Translated by
Eric Rosenberg

BLACK SWAN PRESS
EL CISNE NEGRO EDICIONES
CHICAGO

Black Swan Press
El Cisne Negro Ediciones

Printed in the United States of America

Cover image from:
The Golden Game: Alchemical Engravings of the Seventeenth Century
by Stanislas Klossowski de Rola
© 1988 Thames & Hudson, Ltd.
Reprinted by permission of Thames & Hudson

Interior plates: *Astronomy by Observation,*
Eliza Bowen, D. Appleton and Company, New York, 1886.

ISBN 0-9678808-0-7

Library of Congress Number: 00-100486

First Edition

Black Swan Press
P. O. Box 408790
Chicago, IL 60640-8790
bswanpress@aol.com

A
Jessie   y   Arielle

Agradecimientos

A todos aquellos y todo aquello que inspiró este libro.
A Eric Rosenberg, que con una mirada refrescante y una
mano determinada tradujo la mayor parte de este
manuscrito. A Mary Hawley, Susana Cavallo, y Dan
Burstyn que generosamente contribuyeron a enriquecer
el proceso de traducción.

A David por su dedicado esfuerzo en avanzar la
publicación de este libro.

Acknowledgements

To everyone and everything that inspired this book. To Eric Rosenberg, who with a fresh look and a determined hand, translated the greater part of this manuscript. To Mary Hawley, Susana Cavallo, and Dan Burstyn who generously contributed to enrich the process of translation.

To David for his dedicated effort in advancing the publication of this book.

Contents

Luna de cal

Geomancia

Contents

Limestone Moon

Geomancy

Luna de membrillo

Quince Moon

Un moment d'oubli, la lumiére se retourne et fixe avec soir les tendres baisers d'une mére modile. Les tourterelles en profitet pour enforcer la lune et la douleur dans les arbustes fragiles.

Silencieux, le cher ange support la prudence des phrases édentées. Il fond doucement, premiére aurore.

A la Recherche de l'Innocence– Paul Eluard, Max Ernst

Luna de cal
Limestone Moon

Lunita luna

Lunita luna
navega el mar de la noche negra

Lunita luna arrulla a un infante
bajo manto a su canción

el blanquito de la uña
¿a quién le crecerá?

Lunita luna
a los chopos taciturnos
¿qué les contará?

salta olas, esparce arena
cobija peces

Lunita luna
navega el mar de la noche negra

Moon Little Moon

Moon, little moon
sails the sea of the black night

Moon, little moon lulls an infant to sleep
under mantle to her song

on whom will grow
the crescent of the nail?

Moon, little moon
what will she tell
the sullen poplars?

she jumps waves, scatters sand
shelters fish

Moon, little moon
sails the sea of the black night

Instante

Pasado el ojo zarco
más allá del Puerto del Aire
mis manos frías pelan una mandarina

Recuerdo la hamaca que nos guindaste
para mecernos a la orilla de La Ventosa

Ahí donde el Pacífico y el Atlántico se encuentran

Instant

Beyond the pale blue eye
further than the Port of Air
my cold hands peel a tangerine

I remember the hammock you hung for us
to sway on the windy shore of La Ventosa

There where the Pacific and Atlantic meet

Kohunlich

Al ritmo del mango y el membrillo
las hojas color marrón de Kohunlich

¡Uy! Me roza el viento

En Kohunlich
mi pezón seco se torna bugambilia
mi entraña estéril centro de palmeras

Mil destinos me elevan

¡Uy! En Kohunlich

Yucatán, México

Kohunlich

To the rhythm of mango and quince
the brown colored leaves of Kohunlich

Uy! The wind grazes me

In Kohunlich
my dry nipple turns bougainvillea
my sterile entrail center of palm trees

A thousand destinies elevate me

Uy! In Kohunlich!

Yucatán, México

Cuetzalán

Cuetzalán huele a masa de maíz y a incienso

Sus danzantes bailan para "quemar el mal"

Hay tanta flor en Cuetzalán
morados alelíes, florecitas de nube, alcatraces blancos

Allá en el mercado, una yerbera explicó

"Para reconfortar el cuerpo
no hay como una buena friega en un baño caliente
de romero y clavel"

Cuetzalán, Puebla

Cuetzalán

Cuetzalán smells of corn dough and incense

Her dancers step to "burn out evil"

There are so many flowers in Cuetzalán
purple alelíes, baby's breath, white gannets

Over in the market, an herbalist explained

"To comfort the body
there is nothing like a good scrub in a hot bath
of rosemary and carnation"

Cuetzalán, Puebla

Casas de piedra

Huyes, te me escapas

Te presiento bajo la oscura enredadera
aferrada indómita a los muros
de tus múltiples casas de piedra

Mis pasos cansados te persiguen tercos
a sabiendas de que no te alcanzan

¿Qué sospecha enturbia tu pensamiento?

Tu chantaje sentimental es un grano de arena en mi ojo
Si en mis sueños lloro, no lo sé

¿A dónde ir?
Corro trás de tí
Ahí estás

Imponente en tus múltiples casas de piedra
extendiéndole tu faz áspera y escaldada
a la oscura enredadera

¡Ahí estás!
te pronuncio

   ¡México!

Batsil c´op
Palabra Verdadera

Stonehouses

You flee, you escape me

I sense you under the dark ivy
that obstinately clings to the walls
of your many stone houses

My tired steps stubbornly pursue you
knowing they will not catch you

What suspicion darkens your thought?

Your emotional blackmail is a grain of sand in my eye
If I cry in my dreams, I don't know it

Where to go?
I run after you
There you are!

Impressive in your many stone houses
offering your rough scalded face
to the dark ivy

There you are!
I pronounce you

      Mexico!

Batsil c'op
True Word

Sebastián

I

Mi corazón se resquebraja
Mi corazón se hace trocitos
pedacitos rosa de Zinacantán

II

El corazón rojo de tu clavel
sabe a clavo
Sebastián mártir

En casa apretada vivo
Si es de día o de noche, no lo sé

Te busco, busco
Sebastián

Acteal, Chiapas

Sebastián

I

My heart cracks
My heart crumbles
Rose bits of Zinacantán

II

The red heart of your carnation
tastes of clove, of iron nail
Sebastián martyr

I live in a tight-squeezed home
If it is day or night, I don't know

I seek you, seek you
Sebastián

Acteal, Chiapas

Como en Oaxaca

Al otro lado del hemisferio
viven los indios Tobas,
los que hacen collares de barro negro

Allá donde hay un río, dicen de agua santa

¿Qué río no lleva agua santa?

Like in Oaxaca

On the other side of the hemisphere
live the Toba Indians,
the ones who make necklaces of black clay

Where there is a river, they say, of holy water

What river doesn't carry holy water?

Silencios

Me vuelvo silencios
tú también

entro a uno, luego a otro, y a otro más;
uno es verde, otro gardenia, otro anafre,
otro tus venas, otro palmeras,
otro un lienzo de nubes, otro…un mágico azul

Una habitación, y otra, y otra
…al silencio de las palmeras adormecidas

Agua a semen a guayaba

entro y tú también

Rumbo a Tlacotalpan, Veracruz

Silences

I become silences
so do you

I enter one, then another, then one more;
one is green, another gardenia, another brazier,
another your veins, another palm trees,
another a fine linen of clouds, another…magical blue

A room, and another
…to the silence of sleepy palms

Water to semen to guava

I enter and so do you

On route to Tlacotalpan, Veracruz

Asumpta coelo

Acaloradas, las mujeres en el mercado de Teziutlán
alimentan con tlacoyos de alberjón al pueblo

El atole de maíz tierno reconforta
Popocatépetl ríe fumarolas

Una casita verde de nombre "Linda tarde"
acoge al domingo.

Puebla, México

Asumpta coelo

Warmed, the women in the market of Teziutlán
feed the town with tlacoyos of alberjón

Fresh corn atole comforts
Popocatépetl laughs puffs of smoke

A green cottage named "Rustic Afternoon"
welcomes in the Sunday.

Puebla, México

Dueña de nada

Soplando exprime brisa la esencia del mar
Sopla y exprime malanga, flor de jamaica, crisantemos blancos

Sopla la brisa sobre el Puente de Alvarado, sobre el río Grijalva,
más allá de Chontalpa, Las Choapas, y Teapa.
Le atuza la brisa las plumas al loro Lorenzo que come naranja
a orilla del camino, a orilla de Oniaga-
mientras aletean en el aire varias mariposas blancas

Acarrea la brisa susurro de harpa
rumor de guitarra

Más allá de Agua Dulce,
más allá del Juramento,
se cuela la brisa a la Casa del Niño
inspira a Salesia, arroba a la Carmen,
quedito musita Soy Dueña de Nada

Rumbo a Villahermosa, Tabasco

Mistress of Nothing

The breeze presses essence from the sea
Presses malanga, hibiscus flower, white chrysanthemums

The breeze sighs over Puente de Alvarado, over the river Grijalva,
beyond Chontalpa, Las Choapas, and Teapa.
Smooths the feathers of Lorenzo the parrot, who eats oranges
beside the road, on the outskirts of Oniaga-
as white butterflies shimmer in the air

The breeze carries the whisper of harp
rumor of guitar

Beyond Agua Dulce,
beyond Juramento,
the breeze seeps into the House for the Child
inspires Salesia, enthralls dour Carmen,
quietly murmurs I am Mistress of Nothing

On route to Villahermosa, Tabasco

A Baudelaire

L'orange amande
un malentendant.

A quelle heure bien ami
nous, nous distinguons,
l'hallucination véridique
de l'petite imagination?

Coite ombres et soleil

Paris. Juin 1996

Luna de cal

Vislumbré trás el encaje
una luna científica
que me devolvió la confianza
en la difracción solar

Franjas blancas y negras

Ví una luna de cal
sobre cuya faz ósea con tinta china dibujaba
claveles negros, narcisos negros,
y anémonas del viento

En algún momento desimaginaré
las letras alrevesadas de Mayakovsky,
quienes fueron
Max Ernst, Paul Eluard,
Octavio Paz

Wasteland, tantos poemas ahogados en el tintero,
el recuerdo verde agua, olvidado

Paciencia, los ríos subterráneos fluyen
la lengua noble no se ha congelado
la trama en el telar aguarda
la semilla de amapola, el vaso de agua, no desesperan

Limestone Moon

I glimpsed through lace
a scientific moon
that returned my confidence
in solar diffraction

Black and white stripes

I saw a limestone moon
on whose bony countenance drawn in Chinese ink
black carnations, black narcissus
and anemones of the wind

Sometime I will unimagine
the inside out letters of Mayakovsky,
who were
Max Ernst, Paul Eluard
Octavio Paz

Wasteland, so many poems drowned in the inkwell,
memory green water, forgotten

Patience, underground rivers flow
the noble tongue has not frozen
the woof waits on the loom
the poppy seed, the glass of water, do not despair

Geomancia
Geomancy

Chiara luna

Chiara luna,
cinco lunas

Febriles pastos,
pastos mojados
¡Ay! como sea mojar mis senitos flácidos en su rocío

¡Ay! páncreas bajo el costado de mi vientre
como sea revolcarme entre los pinos
        y rehacer mi vida en una,
recobrar de nuevo entre mis manos la madeja,
o perderme en este tren sin rumbo
y loca loca- beberme los jugos
de cualquier sandía,
con tal de que sea madura

Primi corda
ven con Augusta
tállame los pies con aceite de sándalo

La noche, paño de seda negra,
nos envolverá

Roma, Italia

Chiara Luna

Chiara luna,
five moons

feverish grasses,
wet grasses
O! how I wish to wet my flaccid breast in your dew

O! pancreas under the side of my loins
how I wish to roll about among the pines
          to rebuild my life in one,
to recover in my hands the skein the hank,
or loose my way in this train without route
and crazy crazy- drink
the juices of any watermelon,
as long as it is ripe

Primi corda
come with Augusta
rub my feet with sandalwood oil

The night, black silk wrap
will drape us

Rome, Italy

Adelina

Deseo mencionarles compañeros,
su largo pelo sucio,
el rosa crochet de su suéter

cómo siento ser,
una de esas losas de la Plaza de San Marcos,
los pasitos de los pichones,
el picoteo de sus piquitos

cómo temo perderme por la envejecida calle,
que cruza el Ponte dell 'Olio
más allá de la calle de la Donna Onesta

La mujer de la boquita que nunca ha besado,
me regala el recuerdo de su mirada,
absorta por haber gozado la caricia leve del viento
esta mañana nublada y fría rumbo a la isleta

Me cosquillea la plática de la mujeres agazapadas
a un lado del puente,
la de los hombres al otro

El chisme, Vesubio piccolino, me cosquillea en las entrañas

Alguien ha de bajar siempre por este lado del puente…

Venezia. Junio 1996

Adelina

I wish to tell you my friends,
her long dirty hair,
the crochet of her pink sweater

how I feel to be,
one of those flagstones in the Piazza di San Marco,
the little steps of the pigeons,
the pecking of their tiny beaks

how I fear getting lost in the time-worn street
that crosses the Ponte dell 'Olio
beyond the street of the Donna Onesta

The woman of the little mouth that has never kissed,
gives me the memory of her gaze,
pensive at having enjoyed the light caress of the wind
this grey and cold morning on the way to the island

I am tickled by the chatter of the women gathered
on one side of the bridge,
of the men on the other

The gossip, Vesubio piccolino, tickles my insides

Someone must always descend on this side of the bridge...

Venezia. 6.96

A Octavio Paz

Intus eras

Sueño cirios
agua blanca
nieve deshecha

porque
¿quién ha de creer en fantasmas?
¿en ojeras demacradas
en canas decoloradas?

Cauteloso el día gris se filtra

¿Son sólo dos horas, o tres, o cuatro las que le hacen falta?

Las palabras se someten
a las palpitaciones atrioventriculares

¿Por qué ha de haber un número,
un pie blanco,
un dedo anular artrítico?
hubiera dado igual una corazonada, una insinuación

Obstinada transita la historia en espirales
niños y ríos
ríos y niños
listones y amapolas
amapolas y listones

hacia el tenue místico del alba

Intus Eras

I dream candles
white water
undone snow

because
who should believe in ghosts?
in emaciated rings under the eyes
in discolored hair?

Warily the gray day filters in

Is it only two hours, or three, or four that he needs?

The words submit
to the atrioventricular palpitations

Why must there be a number,
a white foot,
an arthritic ring finger?
a heartbeat would have been the same, an insinuation

Obstinate history travels in spirals
children and rivers
rivers and children
ribbons and poppies
poppies and ribbons

toward the tenuous mystic of dawn

¡Ay padrino! Sacudir al destino
habrá que proponer algo tremendo,
un nuevo horario

un claro
por cuyo centro se derrame la luz
a raudales

¡Qué sed de agua de cascada!
¡de agua tradicional!
metafísicamente agua
luz tras agua…

Quien Creó quizá pensaba
intus eras et ego foris
estaba dentro y luego fuera

Lengua Santa,
Aguas Negras la negación del sueño

Mi acto poético inmemorial, el extenderme siempre
hacia la posibilidad; futuro incierto

Soy un *ché* embelesado, lúcido, sustraído
Soy un espejismo…

Mi momento más feliz
non secundum distentionem sed secundum intentionem
voy, no a la fuerza, sino intencionadamente
en fuga hacia adelante,

a teñir de guinda el sueño

Ah godfather! To agitate destiny!
something tremendous will be proposed,
a new timetable

a clearing
through whose center light overflows
in torrents

What thirst for cascade water!
for traditional water!
metaphysically water
light behind water…

Who Created perhaps thought
intus eras et ego foris
it was within and then without

Holy Tongue,
Black Waters, the negation of the dream

My immemorable poetic act, a perennial extension of Myself
toward possibility; uncertain future

I am a spellbound *ché*, lucid, removed,
I am a mirage…

My happiest moment
non secundum distentionem sed secundum intentionem
I go, not by force, but intentionally
in flight onward,

to dye the dream with blackberry

Secretos

Me invento un cuento. Me invento ser hija de siete madres y tres
padres, el alma tercera de un séptimo espíritu. Una persona a la
que se le conoce no por lo que dice sino por lo que deja de decir
(adivinando adivinadora). Sin edad, ni rumbo, el mundo por hogar.

Conóceme por mis comentarios secundarios, por mis sarcasmos
astringentes, por mi poesía. Así como hube de imaginar que
provenías de un mar salado y me preguntaba si tus botas para cazar
patos, eran en realidad botas para cazar patos.
Si no tengo tanto qué decir. Si es que andas en busca de ideas,
habrías de leer más. Mis opiniones ya ves que son así tan de ya
"la voz testosterónica de Dylan Thomas, la de cura párroco de Pablo
Neruda."

Perhaps in that heaven, a Greek heaven where an Aristotelian god
overlooks the worlds, you and I will become acquainted, you will
understand from photographs taken, at most crucial moments of my
life that "I am a Harvard man," that you are sixty seven and I am
forty five. You will guess from the shape and wrinkles of my belly
button, the nuances of my thoughts, the well where my breath
languishes.

You already know that I get cold when you mention "High-school,"
that I grew up rich and poor at once. In my opinion Dylan Thomas
outperforms his own poems, drives me down, and the fine line of
personalizing the generalizations of homosexuality make me yawn.
I do not care for Kitzui and Kudzu your cats. Mocking your own
statements about Sweeney Thomas, Propertious, Joyce, Beckett,
doesn't convince me that your brain was totally erased, that one
time you lost $7,000 in Winslower Nevada, for I know you for a man

Secrets

I invent a story. I invent being the daughter of seven mothers and
three fathers, the third soul of a seventh spirit. A person who
is known not for what she says but rather for what she leaves off
guessing-guesser. Without age, or route, the world her home.

Know me by my secondary comments, by my astringent sarcasms,
by my poetry. As such I had to imagine that you came from a salty
sea and I asked myself if your duck hunting boots were in reality
boots for hunting ducks.
If I don't have so much to say. If it's that you are looking for ideas,
you should read more. My opinions, you see, are like this; so ready
"the testosteronic voice of Dylan Thomas, that of parish priest of
Pablo Neruda."

Perhaps in that heaven, a Greek heaven where an Aristotelian god
overlooks the worlds, you and I will become acquainted, you will
understand from photographs taken, at most crucial moments of my
life that "I am a Harvard man," that you are sixty seven and I am
forty five. You will guess from the shape and wrinkles of my belly
button, the nuances of my thoughts, the well where my breath
languishes.

You already know that I get cold when you mention "High-school,"
that I grew up rich and poor at once. In my opinion Dylan Thomas
outperforms his own poems, drives me down, and the fine line of
personalizing the generalizations of homosexuality makes me yawn.
I do not care for Kitzui and Kudzu your cats. Mocking your own
statements about Sweeney Thomas, Propertious, Joyce, Beckett,
doesn't convince me that your brain was totally erased, that one
time you lost $7,000 in Winslower Nevada, for I know you for a

who must live on a street called Western, who can't stand the smell of his Serbian boss who helped massacre some in a far away concentration camp.

I ask you, will I see John the Baptist by Raphael?
A Greek heaven with its marble columns, might be too washed, cold.
Heaven inside me-you hums a sweet lullaby of possibilities.

Ahora recuerdo la importancia, impotencia (fertilidad) de los silencios. Pareces ser un trabajador de aquellos que arreglan los caminos, cuyos ojos azules gustan penetrar en lo más profundo desde el primer instante. Has de vivir en una calle ancha que lleve el nombre de Western, pues, ¿no es cierto que provienes del oeste salvaje?

Denominaste tus manos "artríticas", imagino que tu encía habrá probado tanta basura, mas tu frente es de hombre literario.

man who must live on a street called Western, who can't stand the smell of his Serbian boss who helped massacre some in a far away concentration camp.

I ask you, will I see John the Baptist by Raphael?
A Greek heaven with its marble columns, might be too washed, cold.
Heaven inside me–you hums a sweet lullaby of possibilities.

Now I remember the importance, impotence (fertility) of silences. You look like one of those laborers who repair roads, whose blue eyes like to penetrate in the deepest profundity from the first instant. You must live on a wide street called Western, well, isn't it true that you come from the Wild West?

You called your hands "arthritic," I imagine your gums must have tried so much garbage but your brow is that of a literary man.

A James Joyce

Digresión

Hoy si sí que soy yo hoy.
Leyendo Finnegan's Wake.
acostándome y levantándome
durmiendo y despertando
Desde las ocho tendidas de
aquella noche sin ganas de
batidos de huevo y cabriolas
en piyama. Afasibuscando
sensefuerar los pies por
doquier. Fue como si
fuera noche obscura, cerro
y cuasicatroconglomerada.

Ellos, Alicante y Parsifal
no saldaban cuentas
ni con éste ni con aquel y por allá
fueron a parar que ni más paracual, lo que al
ora de los desacuertos les parció a los de alí
presentes que hubiera sido lozaína
desperdemós virtuosas y desmedidas que un sin
gracia ninguno.

¿Qué más hubiera podido dar Parsifal
que por aquellos topádose, topédodo, todopodádose
de descuñas y de desverguizas?

¿Qué más hubiera dado que las alimañas
y las alquimeras hubieran ascendido por nubers y pajars?

To James Joyce

Joycean Digression

Today yes yes I am today.
Reading Finnegan's Wake.
lying down and rising
sleeping and waking up
From the wide eight of
that night lacking a taste
for egg milk-shakes and pirouettes
in pajamas. Afablelooking
senseoutside feet everywhere.
It was as if it was a
dark night, mountain
and fourconglomerated.

They, Alicante and Parsifal
would not settle their accounts
neither with this one nor with that one nor over there
they ended in no more
which at the hour of the dishagreements seemed to
those witnesses that it could have been velveytey
to move desperatemore virtuous and measureless than without
any grace.

What else could Parsifal have offered
than for those stopped, stopper, step
of hoof piously cheeping?

What would have mattered that the pests and the
alchemies would have descended by clouds and by straw?

Alenaliguliyéndose desde ahora hasta entonces las horas
turbias ya no tuviron un once.

Hubo de empezance a ser otro mundo tora abarrotada auro-
ra ymaciguyada nocturna esdrújula cigueña. Hubo de ser
que aldondequiera que se desbordaran los ríos

Silvalofídupulas llevara las aves huevos y ofreciera
huevos y naves y unde más se pudren los estertores
las novenas oscuridades de detractores batracios

y hacerles ver que para las estrellas
los destelleantes nuevos
en los segundos de Parsífal ya no habríanoche desde andtees.

¡Mst! marea, le dijeron en coro los que altamente, fú! fue!

¡Ah! y nada que nivá palante ni apatrás no ergo mustio

Plano lento cabizbajeando aarón agarró su maleta y no la hizo
abriéndola
aventóla dentor al mar

¡Parsifal! ¡Parsifal!

husmeaba gesticuladamente
desde fuera la noche

pellizcaba al día

¡Parsifal! ¡Parsifal!

Alienatingthemselvesandeverybodyelse from now until
then the turbid hours didn't have an eleven.

It had to become a new world replete with dawn and
bruesed nocturn dactylic stressed stork. It had to be that
everywhere the rivers overflowed

whistlingcupulas jholding birds' eggs and offering
eggs and vessels and wherever rancid fumes rot
the nine obscurities of slandering batrachians

and make them realize that to see the stars
the new sparkles
In Parsifal's seconds there was no beingnight
since endbefore.

Msst! The tide, he was told by those that highly, fu! Went!

Ah! And nothing that moves forward nor backward no
ergo in modesty

Plain slow downtroddening aaron picked up his suitcase
and did´t finish opening it
He cast inside the sea

Parsifal! Parsifal!

Sniffled gesticulatingly
from outside the night

pinching the day

Parsifal! Parsifal!

y onde se había metío el condenao,

de allá en delante naiden

ni pelota,
ni humareda,
ni chillidos,
ni remilgos,
nomás puras sapiencias

¡Parsifal! ¡Parsifal!

hasta las orugas
revoloteaban antges habersecho mariposas

quién sabe deonde
se les anancaba la ira
de espíritu
        de remolachería

Habría que describir las cuartillas destas loables
los siempre ni unque se

        hagabranido, ni que se
        esculpiera el año

        lucho

la ella dijo que seu pieles habían olido
Eternity for men y que los castilliers se fueron por esos
mundos de coral.

¡Parsifal! ¡Parsifal!

And where had the sonof gone,

from then on noebody

neither ball,
neither cloud of smoke,
neither wailing,
neither squeamishness
only pure wise treats

Parsifal! Parsifal!

Even the caterpillars
fluttered andbefore becoming butterflies

who knows fromwhence
their ire was storned
of spirit
        Of charlattanbeetship

It would need describing the pages of thesepraiseworthy
always neither even so

        It would have hailed, neither so
        Sculpted year I touch

        I struggle

That one said that her skeins had sniffed
Eternity for men and that the castilliers left in search of
worlds of coral.

Parsifal! Parsifal!

Eco eco

estrújame
su tetilla es blanca

blancay caliente

muerde, muerde fuerte
verde y rosa líquen

se espuman a las
aberturas sbilatadas

presiones deanochibiamas
achachacadas y
sobadas robustas

¡Pum! ¡Pum! ¡Pum!

su pelo y mi pensamiento

arizca arizca suavemente
ibra ustimera dolorosa
hacia dentro moviéndose suave y altanera

¡Arriba! ¡Arriba! voltéale al lao
agacha homere agacha que
viene el toro y muéstrale bien la muleta

Mastruerca y ruborosareira
cinqueard masqueard no, pitillos
no, mascarillas y guantes blancos no

Echo Echo

press me
his titty is white

    White and scalding

bite, bite hard
green and rose lichen

it is sea foam
to widening openings

pressing of lasting last night
squeezing
and wholesome rubbings

Pum! Pum! Pum!

    His hair in my thoughts

temperamental wilde and softly
went pathetically achingly
inwardly moving gently and highly

Upward! Upward! Turn it on its side
lower my man lower that
the bull charges and show him well the red cloth

Morecogs and Rubborinrubber
fifthend masks no, nogguns nogguns no,
oxygen masks and white gloves no

Nibiluzcos, blancas
sábanas sí.
Amostrándome fuera lléndose
par ni cuanod pelo allí y
caá

codo, rodilla, nariz y maestranza alcurnia
un escribo blanco mirando suave y queridos
andándose no poe ellos las ramas

sino por sus enseres
sus oleajes sus altitudes
sus desbordes y sus
desmedidos

pecho y pene pué

mucho estrecho por
¡acá! ahora allá
salvividades llenas
locas de humor mojado
fuegos lentos Luminosidades
Intranquilas.

Est ira que afloja ylleva
que diga arremorlino abierto
alta de tetilla de cal

blanca caliente

¡a como!   ¡Pasen!   dijeron

Cloudlettes, white
sheets, yes.
Inshowing me outside going
couple nor when hair there and
here

Elbow, knee, nose and masterful lineage
an I write white gazing gently and dearly
        Walking not in circles

but by its gifts
its surf its highlands
its overflow and it
unmeasuredements

breast and penis so

        Such narrow passage here!
        Now there
        Salt lived replete
        Of crazy wet humour
        Slow fires Intranquil
        Luminosities.

Stretch then loosens & carries
that says giddy up turbulence
        highly of limestone tit

        white and hot

How much!   Come in!   They said

los
galleros.   Que esto no se vende señores
esto es un sortilegio gratificado

      altamente y
desllevado de Adán

      a los centauros

ma por qué Ché?
Clap! clap! clap!
gócela, gócela moreno

      baile bien sabroso y
      apretao

mare suave de senos llenos bellos
      cobija a los pequeñuelos

      que tdos, todos, toos hemo sio niño
y por qué é azul

      el mundo es un pañuelo

      imunoide, inmundo, mundo

      barquito de papel

Ellison Bay

The
roostermasters.   That this is not for sale gentlemen
this is a gratified spell

highly and
undertaken from Adam

for the centaurs

why but why Che?
Clap! Clap! Clap!
enjoy enjoy sunkissed youth

dance holding tight and
tastily

Mother ocean bosom full
enshrouding little ones

that all anyone everyone we have been a child
and because est bleu

the world is a kerchief

immune, mountain, mondo

little paper ship

Ellison Bay

Fine Salt

Sacre bleu. The union of two lakes

Beyond fine salt
my âme searches
for the sounds of winter, light mist, a black bird,
four blue skies.

Mackinac Straits, Fall 1997.

How could the night bloom

slowly

into a poisonous flower?

very slowly

Tarde invernal

Esa gélida tarde de domingo le devolvió sus pertenencias en una bolsita de la despensa.

un exvoto en forma de corazoncito atravesado por una daga de plata pétalos de rosas secas tacitas italianas para café espresso. Una pirinola de Hannukah un collar de caracoles aretitos ruedas de oración tibetanas. Música para bodas búlgaras.

Creyó conocerla.

Winter Afternoon

That wintry Sunday afternoon she returned his
belongings in a baggie from the pantry.

a votive offering in the shape of a tiny heart run through
by a silver dagger dry rose petals Italian cups for espresso
coffee. A Hanukkah dreidel a necklace of snail shells little
earrings of Tibetan prayer wheels. Music for Bulgarian
weddings.

He thought he knew her.

Sin entender

Un murmullo le musita:
"al desprecio la rama
niña y bonita,
cabellitos blancos ya veas"

Without Understanding

A whisper suggests:
"upon scorn the branch
childish and lithe,
already you see grey hair"

Letargo

A la chica se le cae la cara
un pichoncito mojado se seca las alas.

A la chica le duelen los ojos

¡Ay, deje de llover!

A la chica se le hincha la garganta.
Quién osa preguntar hoy,
¿A cómo el montoncito de naranjas?

Lethargy

The girl's face falls
a wet baby pigeon dries his wings.

The girl's eyes hurt

Oh, stop raining!

The girl's throat swells.
Who dares ask today,
How much for the heap of oranges?

Locus amoenus

Tocó tierra
náufraga de la Mare Tenebrosae

Dormida sobre un lecho de guirnaldas
soñando a Ofir

La niña vestida de blanco
vestida de blanco de rojo manchado

Locus Amoenus

She reached land
shipwrecked from the Mare Tenebrosae

Asleep on a bed of garlands
dreaming of Ofir

The girl dressed in white
dressed in white stained red

Olvido

Lentamente,
como la mecha que se ahoga
por la cera derretida de una vela
cada mañana pienso en tí menos

Te vuelves una puesta de sol,
irremediablemente cobijada por la noche

Me olvido

a fuerza de no mirarte el alma por los ojos

Forgetting

Slowly,
like the wick that drowns
in the melted wax of a candle
each morning I think of you less

You become a sunset,
irremediably shrouded by the night

I forget

By force of not looking at your soul in your eyes

A veil casts
gentle penumbra over my lips
Through such thin lucency
I deliver you a kiss

Entresijo

Que el techo a dos aguas se ataviara de fantasía
Que las gotas de lluvia relucieran asombradas
Que fuera noche de zafiros, velos y mariposas
y que nadie dijera nada

Que sólo se escuchara el respiro acompasado de la noche

Mesh

May the skylight dress up in fantasy
May raindrops sparkle amazed
May it be a night of sapphires, veils and butterflies
and may no one say a word

May only the leisurely breath of the night be heard

Grind file this unbroken splinter
Bevel the edge of this stone

Unknown limbo
to whom do I speak?
do I worry about my (past) censors?

This is my page
the black ink too

Baudelarian night,
to celebrate,
Blank theme for us
who linger in pallor,

the prohibition of a lover

Soy la madre tierra

Y yo tenía dos lunitas
madre tierra y dos lunitas

una redondita
otra ovaladita

tinta y agua de sal
para una de mis lunas

tinta y esencia de limón
para la otra

I Am Mother Earth

And I had two little moons
mother earth and two little moons

a little round one
a little oval one

ink and salt water
for one of my moons

ink and essence of lime
for the other

Luna de membrillo
Quince Moon

Luna de membrillo

Si la noche fuera fruta
Si la noche me envolviera
en su aliento de membrillo

Quince Moon

If the night were fruit
If the night enwrapped me
in her breath of quince

Aflicción de la luna

Caballito violeta y oro
en la noche centelleante
tus patas encierran promesas
tu fauce una estrella

¿Qué es para tí la noche?
¿Juego de soles y lunas llenas?

No está hecha de naranjas ni de soles
ni de peines ni de trenzas
sino de terrazas y azoteas
lamentos
caminatas en silencio

Abriga rincones la noche
donde el más sabio se pierde
la más recogida encalla

yo huyo de besos turbios,
de manos toscamente enceradas
busco en el eco de mis pasos
sentirme acompañada

busco en el cráneo de la luna
un trazo de claveles negros
algo que distraiga

Moon's Affliction

Violet and golden pony
in the sparkling night,
your hooves hold promises,
your mouth a star

What is the night for you?
a game of suns and full moons?

It is not made of oranges
or suns or combs or braids,
but of balconies and terraces,
laments
silent walks

The night warms corners,
where the wisest one is lost
the modest one mired

I flee from confused kisses
from coarsely waxed hands,
I seek in the echo of my footsteps
a company in rhyme

I seek in the cranium of the moon
a sketch of black carnations
something that might distract

La edad es filo que corta y cala
la arrastro a cuestas del río
donde los pecesillos azorados nadan

Caballito violeta y oro
a la llegada de la madrugada estéril
méceme, méceme, méceme

Age is a blade that cuts to the bone,
I drag her to the slopes of the river
where fish, astonished, swim

Violet and golden pony
when sterile daybreak arrives
rock me, rock me, rock me

Beit

Si una letra fuera infinita
Si mi casa fuera infinita…

Si por los libros en el ático guardados
o por los libros dentro de los libros
Si por los pensamientos en sus combinaciones remontándose
a lo infinito de sus comienzos…

Si por las infinitas gradaciones de los sabores
que mi lengua ha probado

Si por las recetas y remedios que aluden a orígenes inmemoriables
"Buthony i qi" hierba china para la fatiga,
se integró a esta casa mía

Elaborar está de más

Dos manzanas yacen esta mañana
sobre mi mesa inmóvil,
sinfín en su redondez

Beit

If a letter were infinite
If my house were infinite…

If by the books stored in the attic
or by the books within the books
If by the thoughts in combinations rising
to the infinite of their beginnings…

If by the infinite gradations of the flavors
that my tongue has tasted

If by the recipes and remedies that allude to unremembered origins
"Buthony i qi" Chinese herb for fatigue,
integrated into this house of mine

Elaboration is unnecessary

Two apples lie this morning
on my immobile table,
infinite in their roundness

Mejitza

Sueño encajes blancos y negros…

Sueño dos pezones tiernos,
cerecitas sonrosadas por el sol

Las letras del alfabeto hebreo
son pequeños pavos reales, meneando sus tocados

Tú que cantas, que algunas veces lamentas,

Inefable Nombre

hoy bailas conmigo…

¡Y las luces de Bengala en la noche de los ríos
son estrellas!

Mechitza

I dream of black and white lace…

I dream of two tender nipples,
ripened cherries rosed by the sun

The letters of the Hebrew alphabet
are small peacocks, swaying their headdresses

You who sing, who sometimes lament,

Ineffable Name

today you dance with me…

And the Bengalese sparkles in the night of the rivers
are stars!

Mar salado

Aqui estás
transformándote en mi conciente e inconciente
materializándote en mi nervio,

desde que me descubriste
junto al pozo de las letras cristalinas,
desde que me diste a lamer
un trozo del Mar Salado

Salty Sea

Here you are
transforming yourself in my conscious and unconscious
materializing into my nerve,

since you discovered me
by the well of the crystalline letters,
since you gave me to lick
a bit of the Salty Sea

I

El té me supo a paseo
en carreta repleta de paja fresca

II

En tu casa
me ensucio las manos de miel

I

The tea tasted like a ride
in a carriage full of fresh straw

II

In your house
I dirty my hands in honey

Entresueños

La Virgen de los hímenes múltiples sangra
Vislumbra a través de un encaje la Presencia Divina

La manzana le hostiga por lo dulce,
las galletas por tanta miel

Escucha la Virgen Madre, los secretos que las letras hebreas,
meneando sus tocados de pavo real revelan…

Dos ángeles la acompañan

Reverie

The Virgin of the multiple hymens bleeds
She glimpses through lace the Divine Presence

The apple cloys her with sweet,
the cookies with so much honey

The Virgin Mother listens to the secrets, that the Hebrew letters,
swaying their peacock headdress, reveal...

Two angels guard her

Avila

*

Olvídame o recuérdame
pero que sea en Avila

Búscame entre sus vericuetas callecitas

Encuéntrame junto al pozo
de las letras cristalinas

Acariciáme en las piedras grises de Avila

*

Avila se me hace trocitos de papel

*

Avila   Avila   Avila

Avila

*

Forget me or remember me
But may it be in Avila

Seek me within her winding little streets

Find me by the well
of the crystalline letters

Caress me on the gray rocks of Avila

*

Avila becomes shreds of paper

*

Avila   Avila   Avila

Síndrome de Jerusalem

I

Temor a la locura no,
temor al satus quo, al aburrimiento

Temor a la locura de las palmeras no,
ni a la de la piedra,
ni a la de los dátiles

Temor a la locura de la Divina Providencia, a la que se
expresa ¿vengativa providencia?
Es como vivir la calma en el ojo del huracán, espiral,

no, temor a la tibieza de la noche,
a la voz ronca de una chica adolescente, no

Temor al olivar, no
o al mordisco de la luna-higo, no,
o a la posibilidad de quedar desdentada
su cabeza cubierta por un sombrerito
adornado de montecarlos amarillos
no, temor a sobrevivir recogiendo
las sobras en algún restorán de Ben Yehuda,
de Paseo de la Reforma, de Park Avenue, o de Champs
Elyseés,

no, temor a que la tilden de loca,
no

Jerusalem Syndrome

I

Fear of madness no,
fear of the status quo, of boredom

Fear of the madness of the palm trees no,
nor of rock,
nor of dates

Fear of the madness of Divine Providence, who expresses
vengeful providence?
It is like living the calm in the eye of the hurricane, spiral,

no, fear of the tepidness of the night,
of the hoarse voice of an adolescent girl, no

Fear of the olive grove, no
or of the bite of the moon-fig, no,
or the possibility of becoming toothless
her head covered by a little hat
adorned in yellow daisies
no, fear of surviving gathering
scraps in some restaurant of Ben Yehuda,
of Paseo de la Reforma, of Park Avenue, or the Champs
Elyseés,

no, fear of the badge of crazy woman
no

II

¿Quién le presta ayuda a la vieja loca rusa,
la que perdida deambula por las calle de Jaffa en Jerusalem?
Una mexicana intoxicada por lo que es santo

en este dechado estanquillo de la calle de Jaffa
por cuyo espejo observa la figura del ruso-el dueño,
también a una rubia sin duda maltratada,

sin alma frente al espejo

toman su sitio
dos guapos rabinos
ataviados de negro

Temor al espejo, no
la ciencia infusa en la aguja coincide
con la vision beatífica plateada del espejo
una delicada arruga más, acentúa el contorno,
sus ojos
adquieren un mirar más intenso,
un recóndito misterioso

En este estanquillo Kosher,
para darle más antojo al concepto,
más ambiente al apetito,
los letreros enumeran
col a la crema
pepinillos en vinagre

aceitunas negras

Jerusalem, Israel

II

Who helps the crazy old Russian?
she who wanders lost in the streets of Jaffa in Jerusalem?
a Mexican woman intoxicated by that which is holy

In this model kiosk of Jaffa Road
by whose mirror she observes the figure of the Russian- the owner,
as well as a blonde without doubt mistreated,

soulless facing the mirror

they take their place
two handsome rabbis
dressed up in black

Fear of the mirror, no
the infused science in the needle coincides
with the beatific silver vision of the mirror
one more delicate wrinkle accentuates the contour,
their eyes
acquire a more intense look,
a mysterious depth

In this Kosher kiosk,
to give the concept more style,
more ambiance to the appetite,
the signs list
creamed cabbage
pickled cucumbers

black olives

Jerusalem, Israel

Pure night
trick out into the open the little plates,
the little apples
trick out into the open
my laughing blood, my wide sky

Aceite negro. Agua en espirales

La lana su madre limpia,
la carda
la tiñe

Sobre las superficies
él acomoda la fuga, el volúmen,
un color que resalta

Superimpone entre las capas pastel
vibración de colores
brazo antebrazo, un trazo escarzo

Atrapada entre la atracción y la repulsión
sobre un papel que tiene diente
aparece una línea

¡Ah…máscaras, pájaros multicolores de papel maché!
murmullo aceitunado de la gente

Me desplomo vertiginosamente en espirales
hacia una vía láctea
y me vuelco en la entraña oscura
que conforma la articulación de dos vértebras suyas

Hilvana la tierra la trama en el telar

Black Oil. Water in Spirals

The wool his mother cleans,
combs
dyes

On the surface
he arranges the flight, the volume,
a color that arises

He instills among pastel layers
a vibration of colors
arm forearm, a foreshortened line

Trapped between attraction and repulsion,
on a paper that has teeth
appears a line

Ah…masks! Multicolored birds of paper maché!
the people's olive mumbling

I tumble dizzily in spirals
toward a milky way
and pour into the dark entrail
that shapes the articulation of his two vertebrae

The earth bastes the woof on the loom

El gaitero

Hace música
regalo al alimento del despertar o del durmir.

Los dedos gordos presionan las teclas de la gaita,
corta el aire, le arranca notas.

Mientras los pasos devienen a otro día
el dulce extásis vuelto melancolía por la gaita
se posa sobre La Rambla.

Mareado el gaitero por su misma melodía
se eleva hacia los cielos

uno, solo, muchos, todos, nos mareamos y volamos;
mesas, tenedores, sombrillas, calles,
pájaros, claveles.

Barcelona, España. Julio 1997

The Bagpiper

Makes music
gift to the breath of awakening or sleeping

The sturdy fingers press the keys of the pipe,
he cuts the air, tears out notes

While the footsteps evolve into another day
the sweet ecstasy of the melody turned melancholy
dwells on La Rambla.

The piper, dizzied by his own song
elevates toward the heavens

one, alone, many, all, we dizzy and fly;
tables, forks, parasols, streets,
birds, carnations.

Barcelona, Spain. July 1997

Delicia nocturna

En delicia nocturna yacíamos el Rav y yo
su aliento, aliento de la noche, dulce aroma de membrillo

Atrayéndome hacia sí, muy quedito preguntaba
y ¿el recibir?

yo quedito quedito, para no interrumpir el sueño de la noche,
contestaba

El profeta es como una vasija de barro recién hecha,
el Artífice la va llenando de agua muy pura y muy fresca.
Los cabalistas, cual vasijas muy antiguas,
Celosamente Guardan el Perfume de la Flor Marchita

En el deleite exquisito de aquel instante
mi Rav me protegía
y me dejaba descubrir despacito
cómo acomodar mi cabeza sobre la almohada de su hombro

Nocturnal Delight

In nocturnal delight we lay the Rav and I
His breath, breath of the night, sweet aroma of quince

Enticing me to him, very softly he asked
and the receive?

I softly softly, so not to interrupt the dream of the night,
replied

The prophet is like a clay vessel recently made,
the Artifice fills her with water very pure and very fresh.
The cabalists, like very ancient vessels,
Jealously Guard the Perfume of the Withered Flower

In the exquisite delight of that instant
my Rav protected me
and let me discover so slowly
just how to rest my head on the pillow of his shoulder

Decir Orfeo

Decir que me encontré tres veces a Orfeo este mes
cantando nocturnos en las voces de mis musas

Decir que ví en una fiesta,
ataviada completamente de negro, a una mujer de caderas anchas,
que ¿quién la conociera?

Si el viento de esta noche resquebrajara algo la hojarasca
y con ello, todo se transformara en fantasía

¿a dónde iría?

Aún no sé lo que son las fiestas de Citeres

To Say Orpheus

To say that I encountered Orpheus three times this month
singing nocturnes in the voices of my muses

To say that I saw at a celebration,
adorned completely in black, a woman of wide complexion,
but whoever knew her?

If tonight's wind cracked slightly the dry leaves
and with that, vagary was transformed in fantastic whim

where would I go?

I still haven't known the festivals of Citeres

Noche

En tu infinitud de caracoles,
en tu inmenso mar de espirales,
en tu insondable misterio,
me pierdo

Perfumada de pensamientos
bañada en agua de lluvia
serena novia serrana

yo no te invento,
tú me tragas

amplia
noche
mojada

Night

In your infinitude of sea shells,
in your immense sea of spirals,
I am adrift

Perfumed in contemplations
bathed in rain water
serene mountain maiden

I don't invent you,
you swallow me

wet
wide
night

Asombro

Mi alma de niña,
diseminada en rocío nocturno,
evanescente en volutas de neblina

Mi alma de niña, musgo entre la grieta de dos piedras

Mi alma de niña saltando reata, enredando a las escondidillas,
a la espera del inédito siglo,
fascinada ante el inescrutable crucigrama

la acopio en mi palma,
recién despierta del sueño
en la penumbra del alba

Awe

My child soul,
disseminated in the dew of the night,
evanescent in spirals of mist,

My child soul, moss in the crevice between two rocks

My child soul, skipping rope, intertwining hide and seek
awaiting the unedited century,
fascinated by the unknowable crossword

I cup it in my palm,
waking from the dream
in the penumbra of dawn

Black Swan Press is a nonprofit literary press
dedicated to publishing the works of exceptional
writers of poetry, fiction, and nonfiction.

El Cisne Negro Ediciones is the imprint
of the Press for original works in Spanish
published in bilingual editions.

Luna de cal
Limestone Moon

Designed by Edward Hughes

Typeset in Minion

Printed on Writers Offset Natural